REBOZOS OF LOVE

WE HAVE WOVEN
SUDOR DE PUEBLOS
ON OUR BACK

Floricanto 1970-74

REBOZOS OF LOVE
WE HAVE WOVEN
SUDOR DE PUEBLOS
ON OUR BACK

Floricanto 1970-74

Juan Felipe Herrera

Flowersong Press

To request permission, contact the publisher at info@flowersongpress.com

Paperback: 978-1-953447-98-2

Library of Congress Number: 2022942646

Edited by Edward Vidaurre
Cover Art by: Mando Nuñez
Layout by: Isaac Chavarria
Inside Art by: Juan Felipe Herrera, Anthony Cody, and Dominic Segura

1218 N. 15th St.
McAllen, Texas 78501
https://www.flowersongpress.com/

Dedications

for Mamá Lucha Quintana Herrera, gracias for your love, songs and poems, teachings and your trail north from El Niño Perdido, Tepito, DF, 1918

for Papá Felipe Emelio, for teaching me how to travel, to continuously create, a new self

for Margarita Luna, love always, for your poetry, daring new performance and vision

for my children, grandchildren, great-grandchildren, listen to everyone with kindness

for all my families, Herrera, Quintana, Robles, Segura, Melendez, Muñoz, Gonzalez, Martinez, Chavez, Gomez, Perea, Contreras, Ryan, Chang, Bruhn, Quintana, Kirkpatrick, Villegas, Hodges, Gomez, Valdez, Chavez

for Alurista who early on uncovered the key for a new Chicanx poetics of Aztlán, Amerindia and Floricanto and to the following generations of the 80's, to this day.

for pioneers of Mexica Nahuatl thought and culture, Angel María Garibay Kintana and Miguel Leon Portilla whose work and translations of poetry and texts alerted us to sources unseen until the 50's and 60's.

for Luis Valdez and the Teatro Campesino for bringing Mexica and Mayan culture to the stage throughout the Southwest.

for Gloria Anzaldúa for her groundbreaking Mexica poetics — lesbian feminist research, Borderlands theory.

for Roberto Alvarez for your groundbreaking Anthro work on *The Trail North* and *familia*, and Renato I. Rosaldo and partner, Michelle Zimmerman (RIP) for your research and findings as a pioneering anthropologists on Mayan and Ilongot history and culture.

for all the artists, writers, Mesoamericanists, musicians, poets, Floricantistas opening new fields

for all the Danzantes de La Conquista, forerunners - Andrés Segura, Florencio Yescas (RIP).

for Ed Vidaurre & familia, for publishing this book.

for Isaac Chavarría for book design.

Many appreciations to Mando Nuñez for your book cover art and friendship throughout decades

Many Appreciations for El Centro Cultural de La Raza - Toltecas en Aztlán, for publishing the first edition of this book in 1974 — and all its artists. For Gloriamalia Flores Perez (for the original art, first edition, 1974).

For Ramón "Chunky" Moroyoqui Sanchez (RIP) and Isabel Sanchez for whom I wrote the last poem in this Floricanto, "Dador de la Vida" in celebration of their marriage

For the Servidores del Árbol de la Vida — Alurista, Mario Cuauhtémoc Aguilar, Juan Ceballos, Chuparosa and David Saucedo.

For you.

Foreword

Rebozos of Love — a rainbow, as a world of many powers and revelations

Juan Felipe Herrera conceived and developed *Rebozos of Love*, his first book, as an exceedingly experimental text, especially regarding structure, style and technique. Indeed, from the outset, this is a volume designed to have neither a beginning nor an end. Accordingly, it has no pagination, no titles or subtitles, and it even lacks a conventional cover—insofar as the author chose to make a poem out of it:

rebozos of love

we have woven

sudor de pueblos

on our back

The opening line, with the first letter "R" capitalized, has been commonly used as the title of this book.

Congruent with the sensorial nature *Rebozos* is intended to embody, all poems in it intertwine in order to form a tapestry of colors, sounds, and movement. At times, to reinforce the sense of movement, Herrera uses the haiku form to "change the pace" and differentiate rhythms. Thus, the structure of the book is conducted by the alternation of long poems and haikus. The latter, however, do not constitute "separate" poems; they merely function as canals by which each poem becomes linked to the next. The overall movement of the book, therefore, resembles a succession of wavelengths.

Seemingly as a paradox, despite Herrera's deliberate emphasis on the layout and structural arrangement of the book, *Rebozos* was conceived against the backdrop of oral tradition. For example, the credits included at the end of the volume refer to the compositions as chants, instead of *poems*. Clearly, this was part of the poet's effort to reconnect with, or at least to pay homage to pre-Columbian, Nahuatl cultural expressions—a trend that was largely central to the sociopolitical and aesthetic tenets that prevailed among Chicana and Chicano artists at the time.

Herrera's experimentation extends beyond the structural aspects of the book, and flows into the syntax and other linguistic elements of the poems. As Francisco Lomelí and Donaldo Urioste noted in 1976, the author "goes beyond the limitations of conventional language (words and syntax) creating neologisms (for example, 'calaveralmas' [skeletonsouls]) … combinations of Spanish and English ('a celebrar woven brazos branches ramas' [to celebrate woven arms branches], echoing constructions ('raza rise / RAZA-raiz' [people rise / PEOPLE-root]) and innovative calligrams."

On a more visceral level, *Rebozos* embodies a swirl of energy. In writing it, Herrera was attempting to be prophetic of a new world. With his chants, he was invoking, and designing at the same time, the vision of a Chicano people, the long-delayed vision of a flourishing human group. *Rebozos* is presented as a rainbow, as a world of many powers and revelations, a space where the ancient prophecies and beliefs become fulfilled ("ancient vientre [womb] of dawns today") and where the mythical, boundless continent of *Amerindia* (Indian-America) emerges to provide a sense of reassertion, unity, and totality:

a m e r i n d i a

one heart

una tierra

roja burning rain

jewel rising

Without a doubt, *Rebozos* is an artifact inscribed within the particular social environment in which it was produced. The late 1960s and early 1970s were an era of cultural and political redefinition for the Chicano people. Cultural nationalism ideologies dominated the first stage of the Movement. Accordingly, romanticized versions of the pre-Columbian past—myths, deities, characters—were introduced as iconic elements and motifs that nurtured an evolving sense of identity, dignity and pride among Chicano youth, and also served as a platform to envision a utopian future for Chicanos. All of these features are abundantly embodied by *Rebozos of Love*, a book that is emblematic of its time, the birth of modern Chicano poetry.

Lauro H. Flores

University of Washington

Introduction

The Writing

I enjoyed writing this collection. It was a search for a collective happiness. It was an attempt to coalesce, unify, harmonize a single melody of hope with the peoples of Latin America, the world and the life of the cosmos. It was an experiment with a newfound language, a set of symbols and unearthed stories of the Mexica. From 1970 to 1974, it was also a journey across the Southwest and into Mayan country in Chiapas as well as Huichol, an Uto-Aztecan language speaking peoples, in Tepic, Nayarit, Mexico and at "EL Colorín," a Huichol village, at the edge of existence, in la Sierra Nayar of the same state. There are various ways of speaking and writing in this Floricanto, from ceremonial Mexica, to Hispano Nuevo Mexicano, Caló-English-Borderlands dialect, to re-forged Spanish and deconstructed de-gendered terms in Spanish. The flowers opened and the song was released.

The Offering of Nezahuacoyotl

At the core of Mexica poetics is the notion of poetry as a song, as a flower, as a flower-song, *In Xochitl in Cuicatl,* as an offering. Nezahualcoyotl, Prince of Texcoco (1402–1470), in central Mexico, developed this philosophy and refers to this key principle in his poetry.

Nezahualcoyotl's poems acknowledge the flower which blooms and opens itself to the incredible panorama of life as it plays out its time under the light of the sun. Then it closes and perishes. Impermanence and constant change are inevitable, it is our reality. Poetry and its Cuicat, its singer, its poet, celebrates this life-moment. An ever evolving condition. We must celebrate our short time on Earth, we must offer our flowerings to life. That is all. Singing-writing-knowing-poetry celebrating life as it is — is enlightened joy, the proper offering.

This view and knowledge of Floricanto, of early Mexica poetics, is a central source for Latinx poetics and all poets, writers and the public at large today — for the insight of and for humanity. Literature for the first poets of the hemisphere was not a product, it was a key teaching of Mexica wisdom, a way to dissolve suffering, a path to sing, to write, to purpose for all and a way to enter the realm of gratitude for all things, to step into oneness.

JFelipe
Fresno, California — 1-28-21

let us gather in a flourishing way

with sunluz grains abriendo los cantos

que cargamos cada día

en el young pasto nuestro cuerpo

para regalar y dar feliz perlas pearls

of corn flowing árboles de vida en las cuatro esquinas

let us gather in a flourishing way

contentos llenos de fuerza to vida

giving nacimientos to fragrant ríos

dulces frescos verdes turquoise strong

carne de nuestras hijas hijos rainbows

let us gather in a flourishing way

en la luz y en la carne of our heart to toil

tranquilos in fields of blossoms

juntos to stretch los brazos

tranquilos with the rain en la mañana

temprana estrella on our forehead

cielo de calor and wisdom to meet us

where we toil siempre

in the garden of our struggle and joy

let us offer our hearts a saludar our águila rising freedom

a celebrar woven brazos branches ramas

piedras nopales plumas piercing bursting

figs and aguacates

ripe mariposa fields and mares claros

of our face

to breath todos en el camino blessing

seeds to give to grow maiztlán

en las manos de nuestro amor

GREEN
DESERT
SPIRALS

MAR
SIN FIN
SOL CACTUS RAINS
RED PATH BLOSSOMS

arco iris mil

colores whirling come

shining come pouring

a celebrar la tierra nueva to churn to make

una canción to grow to young soil

in our woven hands violetas yellow green lluvia

                    arco iris

luminosa trenza flores in the sky

                       cabeza redonda

                       hijas hijos sonrientes

                    sembrando la nación vida fresca

                                 yes

in our heart es la luz

we bring del sol ancient father mother on our head

one thousand pétalos rising flower de maíz

dulce

trenza luminosa come

weaving

darkness cuerpos sin lucha luz to vida

a sprouting heart

a sostener

a refrescar cada día a

nutrir

amor luminoso flaming arco

Iris

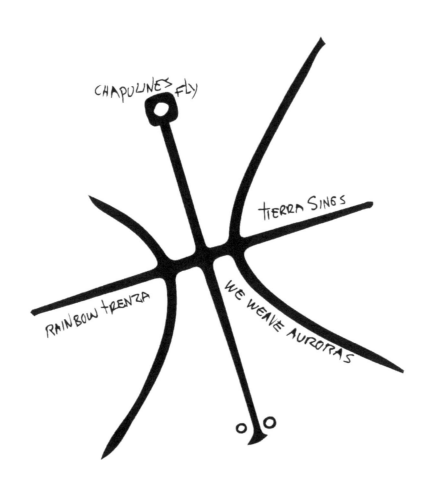

CHAPULINES FLY

TIERRA SINGS

RAINBOW TRENZA

WE WEAVE AURORAS

vámonos a la kiva casa libre

taza llena with our blood with our love

jarro claro

templo to meet y regalarnos la luz

en la kiva

casa de pechos abiertos wide

we must die

to ayer soles de hueso yesterday cuerpos

of hungers to pain thirst to sorrow waterfalls

con el caldo of wisdom in radiant gourds

jícaras corazones de sangre

vámonos a pintar murales en el cielo to sing from our wombs

nourishing mundos nuevos so prophesied

vámonos

to sew with looms and chakira beads

wilted broken pueblos flores to jardines

y paraíso aquí

a guizar to fry to season the fires

flow new mañanitas today

to dawn

a nacernos

to feel to know and drink el cuerpo nuestro

hermoso to sculpt y sudar mundos

                  kiva

rebozo redondo

       lucero del pueblo

ARROYOS CORREN SIN DESTINO HACIA LA UNION DEL MAR

renacimiento revival

de nuestra sangre en nuestras venas

milpas rojas to the sun

casa de águilas volando

                                    claros

espejos de carne brillante of fields

where we toil to reap our hijas hijos semillas

de nuestra cara

constellations of cantos to maíz tierno

renacimiento to mariposa

wings de fuerza to create

to build pillars de hermosura en los caminos

to invent aquí around

our ancient feet pesuñas and hands

that fly con las chuparrosas

to make calor jugo cantar all

withering trees

vamos a respirar otra vez con frutos

a nuestra tierra madre que tiene la

lengua rota muda sin el sabor

de infinitas flores azules and

violeta profunda eterna justicia

to siembras a crecer a sudar jardines

lluvia de nuestra frente montaña

                              of wisdom

renacimiento rebirth to cosechas ricas

chante casa de amor que

nos pertenece que vive siempre always

naciendo en las raíces sacred roots de

vida latiendo trompetas y marimbas

en nuestro corazón

ándelen our joyous heart!

open frondas rosas

lluvias sprinkle María

Mario Luz Pedro

brillando soñando sing

the pastos campanas

grow walk & swing que sí

yes manzanas dulces brazos

young ahora take el

sol rinse the ground

piedra cuajada carne concreto

concretos broken

no son tu casa brilla

brilla frondas Amalia

ama sube sin callos en

los ojos go!

y no pares jícamas jamás

y tú Vicente vientre toca

quiebra the irons wall

que sí aquí acá

las mariposas know

que sí y el mar

she is your skin

a coger la luz

bright amarillas
plumas papalotes on the corners

                              no

hunchbacks doblados

llora tu madre dale

dale rainbow acá aquí muchos

              no paren

walk on jade tu visión

rayos come cheekbones

claros feel

                        know

ándelen manos en la mariposa cielo

pirámide plazita

chants to will frescuras

frondas

jugos calabazos tierna

tierna bocas de hambre

de sol claro full

estrella en tu frente ancha río

ándelen libre que

sí plumas to whirl Lucha

Tito

Vina India Ramón

a sembrar raw ruturi flor

color gallo calor

bailes of our woven rainbow pesuña

tamboros

cuero de pancorn

de panaztlán que no se pierda

        o pudras

marchita crows tiradas

pájaros muerta

la playa negra

basura perro

loca babas

stenching song ándelen

hasta los tulipán

ándelen

frondas ándelen today bocas

morenos quemao's

Chico Toña Felipe

Checo Coque brotan

trompetas pétalos

       lotus oils

          ombligos punzan

              give

nacer vida

      toiling sangre

           corren madre tierra

   frondas ándelen today bocas

bocas hambres Amalia

canas on the corner de lágrimas

y churros de odio ya

estufas

no chufletas descalzos a crecer

infinitas luces

frondas

joyous ándelen heart María

Mario Joaquín no te caes y que

mariposa

feels tu canción joyous

mete tus manos y siembra east milpas

surjan alas sin manchos stains

aquí

en los branches brazos guacamoyos loros

la sienten

join to brothers

carnolas sisters

hermanas negros tu carne

es negro es tiempo es India

sprout springs primaveras

      de veras

          to join

tu luz Lupe Ríos Ramón Huichol

black turquoise

Navajo brazo

tuyo

cachetes sonrisa Bhagavad

            Gita

sona canta rico

ándelen

cosechas pan trigueño tulipán

panaztlán

chalupas frondas

sow cose el marchito jardín

ladra Dolores puñales nuestros

made in the basement

de tripas purple pains y

knifas

cuates cuetes de self torn hearts

enséñates

pela tu pecho nipples al sol

    to sing

        to turn

           to sol

ándelen

el niño quemao' te pide por favor

Checo Ramón Coque

Amalia Tito

descarnados

stripped to wisdom to

join frondas

mesas juntas

no escupos spit arrugada

a tierra tu madre

acá aquí

la chuparrosa lo siente

ándelen

descalzo season sprinkle el mundo

es hora acá

vámonos

aquí

desnudo frondas

libres rico toiling

juntos hermanas

llama to padre

sol amor circle

es tuyo for siempres today

nomás

to wisdom aquí

andamos constellations

tejidos con gozo

cuatro milpas navajos turquoise

black brazos

y tus Brahma ojos

sudores Huicholes

Buddha frondas al

sol que siempre pintamaos

en el campo our nombre

                              vida

que sí

que

tzalcóatl

ándelen Vina Nena Tito

Lola

solo

sola to die

todos listones

es hora

ándelen

our joyous corazón

open frondas rosas!

mira

que tú

y yo

somos que sí

la trenza feather

del sol

y tierra

de tus pies iguanas

&

my heart cries

frutos

maguey thorn besos

por las veredas & cliffs

tus brazos de quetzalmar

y

tus pechos tortugas de lumbre

y

nunca digas

jamás

que no somos

una cara

fuerte vidas

that reaps

sangres brillantes

que late

y

corre

y

grita

la verdad

aquí

en tu vientre

cielo

de mis estrellas

to pour

v

i

d

a

juntos

s

i

e

m

b

r

a

cantando

sudando

b u t t e r f l y

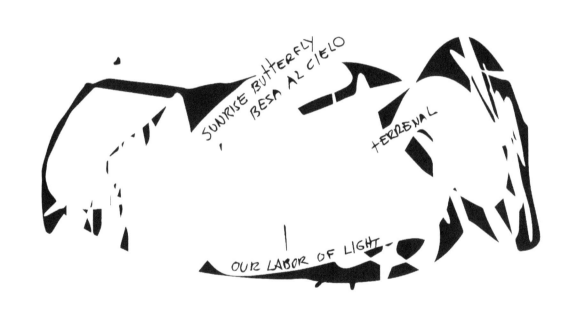

45

ojos ríos

mares de amares

cejas negras

aves de luz en el campo tranquilo

el árbol verde respira

la roja tierra murmura

acaricia con su rebozo

el ángel de la montaña

arco de miles rostros

frutos hijas hijos

ojos ríos

hijas hijos   pechos calurosos

rayos aves

cejas negras

rostros ríos

brazosoles

sangre y carne de la creadora

y el creador

¡ay! como se abre el cielo

y el viento que ya no camina

en su manta sin destino

en tu mirada

la paz

la paz

la paz

se arrulla

su caballera

lisa negra

Entregándose

"VAMOS A CANTAR," DICE EL QUETZAL

LA LUZ DEL RÍO

OUR VOICE

49

feliz

happy day of nacer burning born

luz tones bright brillos

mariposas

open flor tu cara to death every

day streams muerto fragments en las calles colas culachas

culebras corners pescado

rota frente tierra

self

fishbones

whirling pieces no

rainbows jaguar costillas chained

feliz cumpleaños

grazing mariposas en el sol

on your nipples corazón open flor tu cara

die

breaths mundo ciegas

selftorn trails to loca night moons

la luna suda sudas calor sangros

cry

sudores feliz happy suda

calor color tu cara

saluda al sol

burning nipples tu corazón

tropical

manta flama woven pecho

luz en el campo

lagos logos lagos

aquí

te llama una estrella

lucero

toiling on grazing tu frente

espesa espejo

la flor te llama

"mata la noche

acaba

calaveralmas selftorn marchita

sin luz

tuya

dile adiós

soy crepúsculo

sun tones flesh

grazing dawn campos

jugo

toca mi cara

ancient vientre

of dawns today"

toca

feliz

regala give tu cara

vacía tu corazón

selftorn fuentes

to end fragment vidrieros milpa

of no maíz frutas

abre flor tu cara en los pastos brazos

of dawn

es tuya

tiene sed

dale agua

clear lagos logos

frescura

nueva

breathing luz

rellena con

amor drinking

sol tu cara

feliz

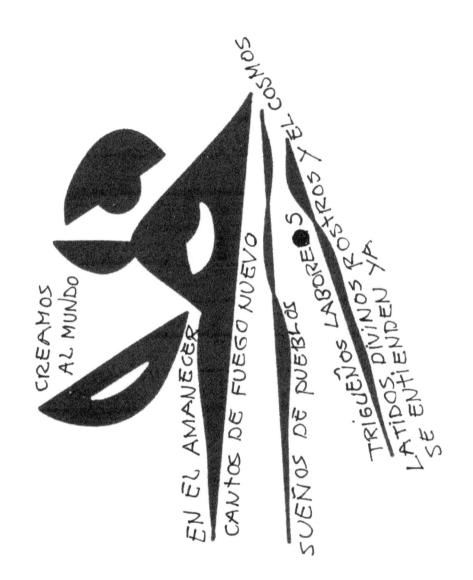

CREAMOS AL MUNDO

EN EL AMANECER

CANTOS DE FUEGO NUEVO

SUEÑOS DE PUEBLOS LABOREOS

TRIGUEÑOS DIVINOS ROSTROS Y EL COSMOS

LATIDOS. DIVINOS YA

SE ENTIENDEN

flow river río in earthen sky

tu

casa

que

siempre crece

síguele y siémbrate

nourishing coming here río atoludo

home

sol blowing alma bowl y vaso de risa

siglos of you gleamingly sí

lagunas ríos sunbeso you yes

sí tú

      ábrete

          mírate

              rebozo

   regozo

     rejoys

ríos

guitarrón drops of abrazos pasos

to

here

caras of us

ríos

que sea

que sí

que siiiiiguen

rosas rosas

mariposas in

amar

sea of sky de luz

brillosas burning olas of

danos give us you

sale y dámenos tenemos hambre

ábrenos y pártenos tu pan

dulcezón

corazón

ricozón

walking

waking

everyou

everwe

everflowing

r

í

o

EL HUIXA
DICE

"TAUYEPA-
TAUYEPA-
PADRE SOL
PADRE SOL
CORRE EN MIS VENAS

PA' QUE CAMINE
EN TU
LUZ"

61

hace muchos años Huichol

montañas ground maizitos red

plumas wrapped en bronce aquí

yo nací

para siembras y cantar

ruturi flor de la lirio tuyamía

tamboras venado cuero

jorongo de la tierra diosa

siembra

para deep cantos cantas una

toda vida oval Tauyepá sol

cara

tuyamía

enteros mil cuerpos

desnudos semilla fires

suben

de las sombras dark spiral sangre

secos

dry frías matas mares

los conchas campanas glow mi padre

Tauyepá águilas

¿lo miras?

dark huipiles

lanos lana mugre carne

en el llano serpiente cara wrapped

odios

hechos a mano partida corazón

chupan la carnes frías entrañas sabores

maizita ciega

cáscaros hambras umbar alambres

de hambres en cielo sin sol

angustias tilichis mi

cuerpo miles of trenza rotas

siento las llamas latifundios

no brillan la vida

corazones Huicholes

dragging feathers wilted

en mis guitarra milpas

el chapulinos se fue

no quiero

el mundo millas en carbón semillas murallas

dark estrollas

verdes

caras

sin ojos frutas hojas bloom mira

¡mira!

eres águila be born la luz

bendita rainbow

estambres caldos ground corn

jorongos jacarandas

trees pueblito frutos rico

canta Huichol

zarape tejida fértil rebozos

frutos redondas sol ancho

amor tuyamía

flowing

foreheads venas vengan woven sierras llenas

mariposas

tejuinos en la nochis quemando

ocote

rezas sudo

ocote humos mares

hirviendo espejos kingdom alas en tus trenzas

tuyomío

reino ground star corn of

quetzales creciendo un pueblo

cantas tamboros venado

spill chorros las sangres podrida

en el vientre del campos

selfmilpas no crecen

sacrificates el corazón & walk the sky jugos

radiant ground corn ombligo

abierta breathing dios rayos weaving

sol

amor

wisdom sudor

violeta red ground corn

entero pueblo to sprout

MAIZTLAN
WARRIORS
RISE

CAMPESINOS
QUETZAL
SKYNEST
FROM
WILTING
MAIZ

68

tortillas con rosas inside cazuelas de espinas

¿tienes hambre?

open your heart and pour tu sangre

abre tu frente y come la flor

toca el tambor

       earth flower skin drum

          palpitan

             los jardines

hey

sister & bro'

don't walk so slow

papaya yellow sun on your

shoulder

se cae & spill seeds

papaya

es de allá y de aquellas

Quetzalcóatl fruit bro'

sister

¡simón!

feed on sweet tropical jugo

you know carnala

tu corazón papaya

rotates

& germinates

                                        ciclos

                        cycles

                rivers & ruedas no carruchas!

        ¡ruedas!

rings of power

open flow awakenings

don't move your mouth

mueve tu papaya

y watcha carnal

    tu cuerpo

        tu barrio

            tu tierra tu cielo tropical

    give a new rhythm

papaya

    papaya

      papaya

       vapayá

  payavá

        pay payá

va

ya va

ya va

                     payá

  pa paya

              pa

              pa

              ya

              ya

va

papaya

                    pa ya

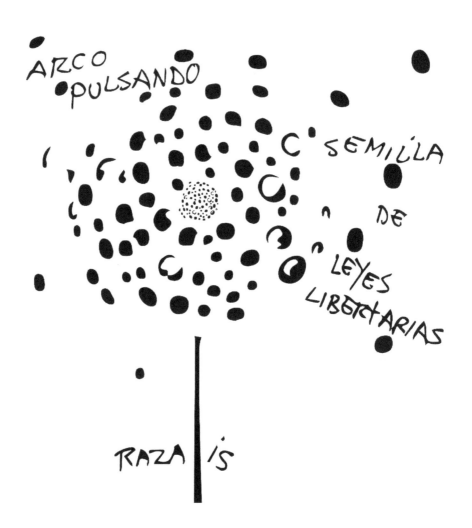

ARCO
PULSANDO

SEMILLA

DE

LEYES
LIBERTARIAS

RAZA is

74

we walk el río angosto invisibles aguas

caravanas de conchas libres

spirals de un mar amar collar

de sol un rostro

lejos como la maravilla de un desierto

que brilla esmeraldas

and sapphire almas en tu corazón abierto

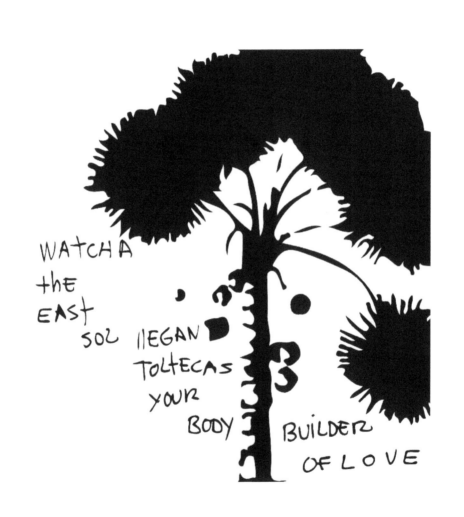

WATCHA
the
EAST
SOL llEGAN
TOLTECAS
YOUR
BODY   BUILDER
        OF LOVE

sky

en tus manos matutinas mundos

hailing soles tu palabra

the word que me dices como harpa y

los coros eternos de tus risas

las ví

in the fountain of rainbows entre tus miradas

sí

como un sol absoluta lumbre

beso de luz

lucero en la cumbre sky

en la tierra flor de Venus

en tus manos matutinas

conchas of love

SIERPE DE LUCHA
QUETZALCOATL

CRUZA NOW

PUEBLO
HEART
OF FIRE

warrior

woven

day

break

star / eres

la voz

the

face

of jardín / yes

swing your shields of toiling heart thymes & sweet sweat de amor

naked

face

sol / be born

SICOMORO
Sky ÁRBOL
OF LIFE

CASA DE CIELO

ROOts
CARA

flamas guindas sangre de ramas

leche de estrellas tu cara

turquoise alma del cielo que sí

en la mañana nos guía

y nos mece y nos teje y nos dice

to live and rise la raza de risa divina rosa

mariposa

fuente del mundo mar amar de agua flames

that burns our body with love that is

aquí

entre todos una voz de

concha

lisa

oro

dripping flores

en la sed de esta tierra que tú cargas

en los siglos de tu pecho

Machu

Picchu

pyramid divino

que no se acaba y tú lo sabes

y tú lo eres not in time

but

i n f i n i t y

rayos

s o l

s p i r a l s

s t a r

t r i g o s

c o s e c h a

of

s   k   y

sabroso

tostado con la risa de tu lucha

de tu pelea verdadera vereda

en las vidas de tus huellas

espirales

murales

pulmones

sudores

ardores

del señor - señora

que

respiras

con tus

cuerpos of man de luz

and woman to earth rise

songrise

razarise

que sí

desnudos

sin nudos

sembrando

besando

u

n

c

o

r

a

z

ó

n

¿mujer de sol por qué estás triste?

¿y

por qué dejas que tus cejas no canten esa canción

de la mañana en que naciste

flores dulces

de las piedras negras y

uvas violetas con el calor de tu

amar?

mujer

¿sabes que aunque llores lloras un

amanecer?

y las auroras en tu frente

tejen espinas alas de una estrella

ardor que ya no brilla

y alumbran las siete rosas de tu ser

songrise dawn

mujer

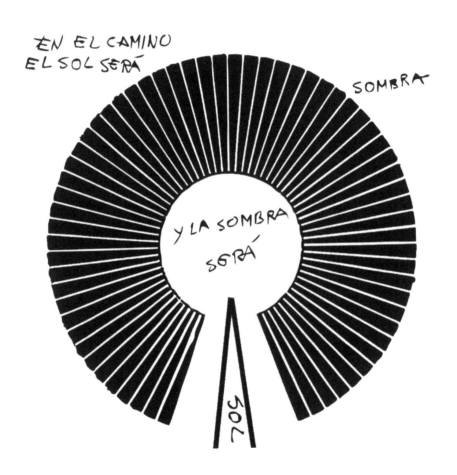

EN EL CAMINO
EL SOL SERÁ

SOMBRA

Y LA SOMBRA
SERÁ

SOL

contigo solamente

contigo

como el trigo y'el maiz silencio

de la labor que punza el cuerpo en octubre

me siento abundante

de ser y servir como ala de tu tierra

volando a tu cielo

al vivir

en tu vivir

en tu vivir

we walk the red trail of millions sun

the earth our mother is a blossom

to rise herenow

sowing hearts of nationhoop

unbending acres of song to light and stand

a new age energy stream

lluvia

luz

rayoscuerpos sprout like trigo

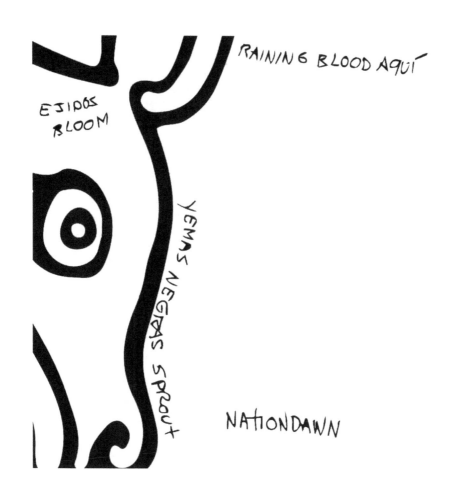

EJIDOS BLOOM

RAINING BLOOD AQUÍ

YEMAS NEGRAS SPROUT

NATIONDAWN

con alma

viene enero

rayo de estrellas cabras

de la mañana

Buddhas de

lluvias

verdes

rojas hojas

gotas

en mi frente &

cheek planetas

Venus y Saturno

tejo

chorros of dawn rimas

de gozo

risa de

tortas

solares manjares

baila mi cara

tarasco de miel

jarocheando

on las marimbas

rojas desiertos

secos en las matas de mentira

y

tunas guindas del sudor

divino jarabe de lumbre

mar dulce

de razas abrazas

Amerindia sweet song

of one heart galaxy

colmenero

abierto

cielo of earth reeds rising

sampanas de luz

en las playas negras

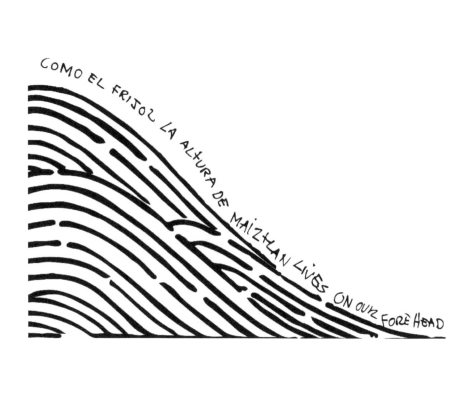

COMO EL FRIJOL LA ALTURA DE MAIZTLAN LIVES ON OUR FOREHEAD

besa esa zanahoria

ellipse de llama roja

slow feather of sun

&

ponte trucha que su

verdad de sabor

y

su olor de tierra waterfalls

was sculpted en el volcán de amor

cosmos womb dulzura de

madre materia

padre energía

that speaks y

late * en los ríos de vivir

espirales de agua llamas on

the pyramids

en el templo de tu cuerpo ardiente

concha de luz matutina agua divina

en el f l o w

of time

arrroyos que tú nadas

en el día de tu todo

solrainingotas anaranjadas

zanahorias

lágrimas of joy

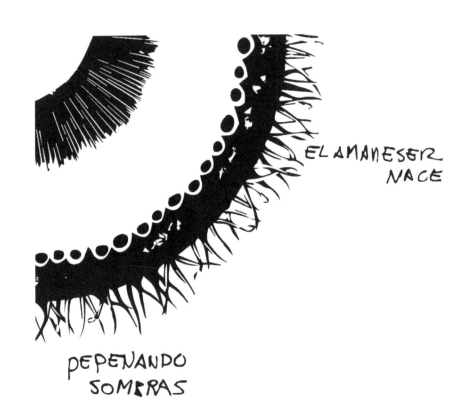

EL AMANESER
NACE

PEPENANDO
SOMBRAS

en el cosmos of our

entrañas

gira

one flaming sun

iluminando

one joyous heart

amando

una vida brillante

generando

our thoughts our hearts and our struggle

tejiendo

revelando

a m e r i n d i a

en el plan

de la humanidad

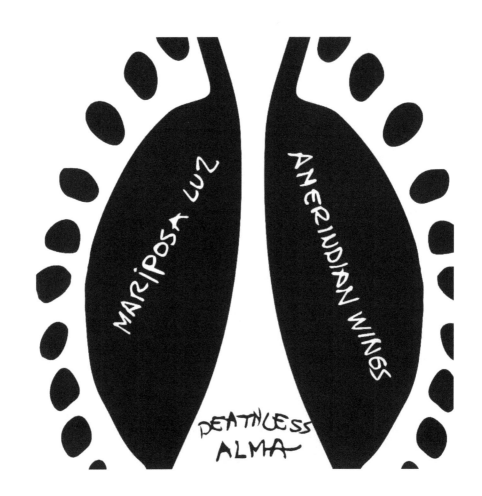

MARIPOSA LUZ

AN AMERINDIAN WINGS

DEATHLESS ALMA

a m e r i n d i a

one heart

una tierra

roja burning rain

jewel rising

winging song

weaving light

pueblos

chanting

a m e r i n d i a

blazing acre soles

rebozoles

laborando

quetzal maiz

goza rise

cuerpo desnudo

sudando

roja chakira blaze

beads

blossom spiral heart

vidacóatl

pueblos sin fronteras

tierra sin cadenas

caras sin correas

parching milpas fall

the earth will churn

and rise the red dawn of blazing

heart

of raza one

a m e r i n d i a

celestial earthen song

rings

our blood pulsando

one purpose

one path

sembrando

reap the sol

ahorasol

kupurisol

amerindiasol

frondoso corazol

raiz ardiente

to

one heart rise

rasa rise

la primavera to flow

and churn our destiny

cultivando

laborando

one heart nation

liberando

one heart cosmos

to never fall

to always rise

in our heart

in our land

in our struggle

a   m   e   r   i   n   d   i   a

a   m   e   r   i   n   d   i   a

AGUAS   FLAMING
              FLOR
          HURACÁN

                        FIRE
                        STAR

AMERINDIA
ARM to ARM

105

come to frijol carnol y nala

IN A TOGETHER SOUPRAZA RISING

COME TO FRIJOL AND BLOOM GLOW

BEING

AMERINDIAN FLUID sangres de dios

liberate and flow again

tu caldo de luz frijol being so full

in tloque in nahuaque

come to frijol carnol y nala

continENTE

ASCENDIENTE

YOUR labor of heart to

WILL TO HUMANIZE

raza rise

RAZAraiz egg of vibrant fibras IN A TOGETHER GLOW

in tloque in nahuaque dador de la vida in A TOGETHER

BLOOD FRIJOL BEING so full en tus entrañas

amerindia being grows

laborando

cultivando

in tloQUE IN NAHUAQUE

IN A TOGther souprazarisiNG. . .

quetzalcóatl

no sorrow

vida

brillando

quetzalcóatl

plumed heart

of struggle

feliz

laborando

transformando

dying constellations

cycles of thought-action

raw crying sangres

de nuestro señor-señora

life-energy fields

valles

y llanos rojos latiendo

un nuevo orden

terrenal

pulmones punzando

frentes alzando

corazones laborando

quetzalcóatl

rising spiral árbol

tule de vida

ramas de luz

fruto de raza

dulzura in tloque in nahuaque

señor-señora

dador de la vida

matriz

entrañas del cosmos de sangres

amerindian fluid

flow ardiente

venas brillantes

corazón consciente

sufriendo

gozando

en la labor

plumed heart struggle

volteando la tierra

razamilpa

milparaza

glowing heart fifth sun

laborando

humanizando el orden terrenal

quetzalcóatl

no sorrow

vida brillando

un nuevo ciclo

matutina gloria

dulce aurora

solares semillas

girando

amerindia

plumed heart struggle

mereciendo

al señor-señora

al dador de la vida

in tloque in nahuaque

Ipal Nemohuani

raíz de la vida

tú eres el cantor

en el interior de la casa nuestra

en el interior de nuestro cuerpo

en el interior de la tierra nuestra

a m e r i n d i a

tú eres el cantor

Ipal Nemohuani

raíz de la vida

se alzan los cantos de los pueblos

como las flores de la primavera

se alzan los pueblos de amerindia

como las ramas de la ceiba

laborando en la raíz de tu luz

laborando en el jardín de tu vida

laborando en la nación de tu fuerza

luchando

se abre el águila por el viento y el agua

por las piedras

luchando

nuestros rostros se unen en tu presencia

luchando

nuestros pueblos cultivan lo verdadero

luchando

nuestro corazón anda cantando

Ipal Nemohuani

raíz de la vida

tú eres el cantor

dawning luz

rosaluz

razaluz

brilla

our

path

we

blaze

our

heart

we

speak

lluvia

roja

fuente

song

of

struggle

song

of tierra

song

of sangres

song

of

fuego

raza

ahora

raza

llama

sean

los

pueblos

pueblos

flores

pueblos

libres

la

canción

la

semilla

el

corazón

de

la

nación

amerindia

amerindia

amerindia

sea

incandescente

sea

consciente

living

sangres

living

tierra

living

árbol

amerindia

tree

of

heart

open

flower

divinacóatl

vereda

verdadera

flaming

eagles

voladores

tejedores

weaving

rings

cycles

spiral

space

spiral

time

of

our

heart

to

churn

burning

being

nuevo

ciclo

nuevo

espacio

nuevo

tiempo

consciente

dando

fruto

los chapulines verdes vuelan

el grillo toca su acordeón

raspan sus cantos en el adobe

los campos brillan

la paja 'stá cortada

los pinos crecen alto

el cedro y el piñón

se mecen

corre el agua del ojo viejo

la mariposa

y el cuervo beben el sol

y rajan el viento

"fíjese señor que antes era como si fuéramo'

bendecidos por dios

se te caía una semilla y crecía una flor

los indios y nojotro' teníamo' fiesta juntos

bajábamo' al río y cojíamo' pescao'

ahora señor

la gente ya no cree ya no cree

las sierras 'stán cercadas

y los rinches cobran pa' pescar en

nuestra mesma tierra que ya muy dura 'stá

que tenemo' que hacer trabajo po' allá

en colorao' en las minas o peleando los fuegos

en los bosques

antes el venadito venía pa 'bajo del cerro

acá 'tras la casa corriendo libre y alegre

'hora se necesita licencia pa' cazar venao'

por cincuenta dólares la hacen pos'

nomás los texanos la compran

le digo señor era como si fuéramo bendecidos

por dios

ansina mero . . ."

los niños sus brazos castaños cargan leña

la piel de la mujer y el hombre es roja

apretada por el sol viva franca

salada y fecunda

"vamo' a ver

caminando sin platicar

laborando pa encontrar nuestra vida

en este llano de soledad

vamo'acer nuestra labor nuestra oración

el sacrificio sin ambición

caminando sin platicar en este llano

de pasto amarillo por el dolor

vamo'aver

si vamo'a ser enteros ansina como el amanecer. . ."

enteras y enteros corazón sin fronteras

hopi navajo san juan taos truchas chamisal

picuris pojoaque peñasco velarde amalia y

española piedra lumbre tres ritos las cruces

mesquite tierra amarilla santa fe y alburque

santa fuerza vamo'aser

una luz una oración una labor una nación

la canción sin mirar o decir o medir la memoria

o el mañana

vamo'aver

nuestros pueblos nuestros rostros y entrañas

soplar en el viento

murmurar en el río

palpitar en el llano

caminar sin platicar

una flor sin fronteras

en el pedregal

arizón

maricopa

tempe tu tierra roja sangre tu vereda

arid sunset sweet

arizón

cactos espigas de espinas

brazos verdes llantos altos

almas ramas pulmones

piscando al cielo

arizón

campesinos levantando algodón

estrellas de oro blanco pa'l ranchero

nubes de sal

sellos de sueldo pa'l que hace labor

cuerpos rojos

climbing cotton flowers

to the dawn weaving una risa sin dolor

arizón

a las tres de la mañana

hay que rajar la raíz del tiempo

y la historia de la mentira

es que

campesinos si nos hay munchos

levantando el cielo por el campo

arizón

pima

xicano

pápago

apache

arizón

no zon nombres

zon rimas y un ritmo

energía de un principio

si nos levantamos campesinos

levantamos cielos por los pueblos

cotton flower suns

"corazón sin división" published in 1974, *Time to Greeze*, SF. Pocho Che Publisher

corazón sin división

llama roja

sin humo

corazón sin división

rebozo verde

lana de dios

llano de magueyes

corazón sin división

mujer de estrellas mojadas en el mar

sin tu espejo

corazón sin división

yo no puedo ya mirar

me dicen que'l tiempo importa

corazón sin división

pero tus labios son de siete soles

y tu beso

los rayos rosas del amanecer

corazón sin división

en la playa de pescadores

y'en las minas de carbón

corazón sin división

hacienda muvieris

varas de energía

en las manos del huichol

pa'curar a los hechizao's

corazón sin división

venado azul

flor de la montaña

maíz del sudor

corazón sin división

espacio negro

espacio blanco

halcón de luz

mariposa de obsidiana

corazón sin división

materia espiral

energía sin fin

corazón sin división

mar de quezalcóatl

sangre de cristo

huella de buddha

tinta del relámpago justiciero

corazón sin división

alabanza sin palabras

pintura sin paredes

espiga de carne viva

vestida de manta

levis kakis calcos

y flores de algodón

que nacen

en el fil piscao'

corazón sin división

corazón de corazones

corazón de naciones

corazón sin división

tu hermosura no es palabra

y tu presencia no es

mentira

ARROYOS CORREN SIN DESTINO HACIA LA UNION DEL MAR

idea

á t o m o s

imagen

e n e r g í a

olas

unen

una descripción

una división

una frecuencia

una a s t i l l a

del árbol de la vida

realidad

energía

e s p i r a l

proceso

total

corazón de venado

blaze of dawn walking

weave us a rain green

pa'l pueblo rojo

espigas humanas of roots

branching spirit

en un continente sin fin

DADOR DE LA VIDA
DE TU INTERIOR BROTA EL ÁRBOL RESPLANDECIENTE
EL ÁRBOL DE LA HARMONÍA-ENERGÍA
EL ÁRBOL DE LA LUZ Y LA CONCIENCIA DIVINA

SEÑOR-SEÑORA DE LA UNIDAD SIN FIN
SEÑOR-SEÑORA DE LA HERMOSURA TERRENAL
SEÑOR-SEÑORA DE LA ESTRELLA ASCENDIENTE
EN EL CORAZÓN DE TODOS LOS SERES

EN ESTE DÍA Y SITIO VENIMOS PARA HACER NUESTRA OFRENDA
EN ESTE DÍA Y SITIO VENIMOS PARA ABRIR NUESTRO CORAZÓN
EN ESTE DÍA Y SITIO VENIMOS PARA FORMAR NUESTRA UNIÓN

PARA MERECERNOS EN LA GLORIA DE TU AMOR
PARA MERECERNOS EN EL ESPIRITU DE TU PAZ
PARA MERECERNOS EN LA FUENTE DE TU FUERZA
PARA MERECERNOS EN LA LABOR DE TU CREACIÓN

QUE EL ANILLO DE NUESTRA VIDA SEA LA SEMILLA
DE TU DULZURA Y LA FLOR
DE TU CALOR POR EL CAMPO DE TU VIVIR

CON ESTE ANILLO SIEMBRO EL ANILLO SIN DIVISIÓN
EL FRUTO LUMINOSO DE NUESTRO AMOR
EL FRUTO Y FORTALEZA DE NUESTRA CASA
EL FRUTO DE NUESTRA CONCIENCIA Y ACCIÓN
EL FRUTO REFLEJO Y ESPEJO DEL LA CREADORA Y EL CREADOR

EN LA VIENTO Y LA LLUVIA
EN EL FUEGO Y LA TIERRA
EN EL ORDEN QUE TU HAZ CREADO NADA PERMANECE
TODO LO QUE SE ENDEREZA HA DE CAER
COMO LA MARIPOSA SUS ALAS ABRE EN EL DÍA
LA ROSA SUS BRAZOS DOBLA EN LA NOCHE DE SU VIDA

EN EL VIENTO Y EN LA LLUVIA
EN EL FUEGO Y EN LA TIERRA
EN EL ORDEN QUE TU HAZ CREADO NADA PERMANECE
MENOS TU CONCIENCIA
MENOS TU FUERZA
MENOS LA INFINIDAD DE TU AMOR-ENERGÍA

ENSÉÑANOS PADRE-MADRE
CREADOR-CREADORA DE LA VIDA

Y ABRENOS EL CORAZÓN HACIA LA UNIÓN VERDADERA Y ABSOLUTA
POR EL CAMINO DE LA DISCIPLINA SIN VIOLENCIA
POR EL CAMINO DE LA PAZ
POR EL CAMINO DE LA MEDIDA Y EL BALANCE
POR EL CAMINO DE LA LABOR SIN AMBICIÓN
POR EL CAMINO DEL SERVICIO COLECTIVO
POR EL CAMINO DE LA SINCERIDAD TRANQUILA
POR EL CAMINO DE LA CLARIDAD SIN TEMOR
POR EL CAMINO DEL AMOR CONSTANTE
ABRENOS EL CORAZÓN HACIA LA UNIÓN VERDADERA Y ABSOLUTA

EN TU GRACIA Y BENDICIÓN
NUESTRA UNIÓN SERÁ COMO EL ARROYO TRANQUILO
QUE CAMINA SOBRE LAS PIEDRAS
CÓMO CAMINA LAS VEREDAS LISAS
QUE LO BEBEN LOS SERES DE LA TIERRA
Y QUE ALCANZA EL ALBA Y EL SENO DEL MAR SIN FRONTERAS

SEÑOR-SEÑORA DE LA CREACIÓN
A QUE EN ESTE MOMENTO Y EN ESTE SITIO
TE OFRECEMOS EL ARROYO DE NUESTRAUNIÓN

TOMA EL JUGO DE MI ARROYO PARA QUE EN TU MAR

ENCUENTRE MI VIDA
IN LAK 'ECH
TÚ ERES MI OTRO YO

PADRE-MADRE DE TODA LA CREACIÓN
HEMOS VENIDO A MERECERNOS EN TU SANTA UNIÓN

EN TU GRACIA Y BENDICIÓN-ENERGÍA
ELEVAMOS NUESTROS CANTOS
ELEVAMOS NUESTROS ROSTROS
ELEVAMOS NUESTROS CORAZONES
ASÍ COMO EL GRAN ÁRBOL ELEVA SU DULCE VERDAD Y FRUTO
EN LA PRIMAVERA SIN FIN

PAZ ENTRE TODOS LOS SERES
AMOR ENTRE TODOS LOS SERES
UNION ENTRE TODO LOS SERES

ASÍ SEA

Printed in the USA
CPSIA information can be obtained
at www.ICGtesting.com
JSHW061930190224
57624JS00019B/13